1er avril 1870

CATALOGUE

DE LA COLLECTION DE FEU

M. D. VIS BLOKHUYZEN

DE ROTTERDAM

Membre de l'Académie royale des beaux-arts des Pays-Bas.

TABLEAUX ANCIENS

DES ÉCOLES

HOLLANDAISE ET FLAMANDE

VENTE

HOTEL DROUOT, SALLE N° 8

Les Vendredi 1er et Samedi 2 Avril 1870

A DEUX HEURES ET DEMIE PRÉCISES

EXPOSITIONS :

PARTICULIÈRE	PUBLIQUE
Le Mercredi 30 Mars 1870.	*Le Jeudi 31 Mars 1870.*

DE UNE HEURE A CINQ HEURES

COMMISSAIRE-PRISEUR :

Me CHARLES PILLET, 10, RUE GRANGE-BATELIÈRE.

EXPERTS :

M. FRANCIS PETIT	M. DIRK A LAMME DE ROTTERDAM
7, rue Saint-Georges.	16, rue Chaptal.

CATALOGUE

DE LA COLLECTION DE FEU

M. D. VIS BLOKHUYSEN

DE ROTTERDAM

Membre de l'Académie royale des beaux-arts des Pays-Bas.

TABLEAUX ANCIENS

DES ÉCOLES

HOLLANDAISE ET FLAMANDE

VENTE

HOTEL DROUOT, SALLE N° 8

Les Vendredi 1er et Samedi 2 Avril 1870

A DEUX HEURES ET DEMIE PRÉCISES

EXPOSITIONS :

PARTICULIÈRE	PUBLIQUE
Le Mercredi 30 Mars 1870.	*Le Jeudi 31 Mars 1870.*

DE UNE HEURE A CINQ HEURES

COMMISSAIRE - PRISEUR :

Me CHARLES PILLET, 10, RUE GRANGE-BATELIÈRE.

EXPERTS :

M. FRANCIS PETIT	M. DIRK A LAMME
7, rue Saint-Georges.	DE ROTTERDAM 16, rue Chaptal.

CONDITIONS DE LA VENTE

Elle sera faite au comptant.

Les adjudicataires payeront *cinq pour cent* en sus des enchères

Paris. — Imp. A. Pillet fils aîné, rue des Grands-Augustins 5.

DÉSIGNATION

ASSELEIN

(JAN)

Anvers, 1610-1660.

1 — **Ruines d'un édifice romain.**

Un cavalier descendu de cheval, est arrêté près des ruines d'un monument, un jeune garçon tient son cheval par la bride; dans le fond, ses compagnons continuent leur route.

Bois : Haut., 34 cent.; larg., 27 cent.

BAKHUIZEN

(LUDOLF)

Embden, 1631-1709.

2 — **Le Blanhooft à Amsterdam.**

Un énorme canon sur son affût, est placé en batterie vers l'Y, où se trouvent des vaisseaux de guerre à l'ancre et des barques à voiles qui croisent en tous sens.

Sur le premier plan, un soldat regarde en riant un jeune garçon qui joue avec un chien; près d'eux, une femme assise par terre allaite son enfant; puis une autre femme et deux pêcheurs qui causent.

Collection de Court van Valkenswaard.

Signé : L. Bakhus, 1705.

Toile : Haut., 40 cent; larg., 50 cent.

BAKHUIZEN

(LUDOLF)

Embden, 1631-1709.

3 — **Marine.**

La mer est agitée; un bateau pêcheur s'avance toutes

voiles dehors; plus loin on aperçoit un vaisseau de guerre.

Le ciel est couvert de gros nuages éclairés par le soleil couchant.

Signé : L. B.

Toile : Haut., 38 cent.; larg., 47 cent.

BALEN

(HENDRIK VAN)

Anvers, 1560-1632.

4 — **Adam et Eve.**

Adam et Eve sont assis sous un arbre et éclairés par un rayon de soleil qui perce le feuillage; autour d'eux sont groupés différents animaux.

Cuivre de forme ovale. Haut., 8 cent.; larg., 7 cent.

BERCKHEYDE

(GÉRARD)

Haarlem, 1645-1869.

5 — **La grande place de Haarlem.**

A gauche, la cathédrale projette son ombre sur le

marché aux poissons qui est animé d'un grand nombre de figures. Le premier plan, les maisons à droite, et au fond l'hôtel de ville sont vivement éclairés par le soleil.

Signé : Gérit Berckheyde.

Bois : Haut., 49 cent.; larg., 39 cent.

BERGEN

(DIRK VAN)

Haarlem, 1645-1689.

6 — **Bestiaux dans un paysage.**

Des animaux sont groupés près d'une étable construite en planches. Au premier plan, un bœuf se frotte contre un poteau; à gauche, une vache couchée et trois brebis; plus loin un cheval à l'ombre d'un arbre et une femme causant avec le berger.

A l'horizon, des montagnes éclairées par le soleil couchant.

Signé : D. V. Bergen.

Bois : Haut., 24 cent.; larg., 30 cent.

BERGEN

(DIRK VAN)

Haarlem, 1645-1689.

7 — **Paysage avec animaux.**

Des vaches, des moutons et une chèvre sont groupés

près d'une tente dans un paysage éclairé par le soleil couchant; au premier plan, une femme assise allaite son enfant.

Signé : D. V. Bergen.

Bois : Haut., 31 cent.; larg., 40 cent.

BERGHEM

(NICOLAS)

Haarlem, 1620-1683.

8 — **Animaux au pâturage.**

Dans un paysage, éclairé par les derniers rayons du soleil couchant, une paysanne est occupée à traire une vache blanche; une autre femme, habillée en rouge, verse le lait dans un grand seau de bois. Près d'elles, deux vaches couchées, deux autres debout et quelques moutons. A gauche, deux chèvres au bord d'un étang. Au second plan, une habitation rustique entourée d'arbres au bord d'un chemin conduisant vers les dunes à l'horizon.

Cette riche et belle composition faisait partie de la collection Van der Schrieck.

Gravé par J. B. de Roy.

Supl. du catalogue raisonné de Smith, p. 595, n° 7.

Signé : Berghem, 1648.

Bois : Haut., 52 cent.; larg., 69 cent.

BOONEN

(ARNOLD)

Dordrecht, 1669-1729.

9 — **Buveur.**

Un jeune homme, coiffé d'une toque grenat et vêtu d'une robe de chambre est assis devant une table, et regarde attentivement un verre de vin du Rhin qu'il tient devant une chandelle posée sur une ardoise, près d'un jeu de cartes et de quelques pièces d'argent. Derrière lui une armoire avec des livres, puis un large rideau vert relevé.

Toile. Haut., 37 cent.; larg., 30 cent.

CRAYER

(GASPARD DE)

Anvers, 1582-1669.

10. — **Jésus-Christ en croix.**

« Le soleil s'obscurcit et Jésus expira ! ! »

Toile : Haut., 1 mètre 9 cent.; larg., 84 cent.

CUYP

(ALBERT)

Dordrecht, 1605-1691.

11. — **Vue de Rhenen.**

Deux cavaliers, descendus de leurs montures qu'ils tiennent par la bride, se trouvent à gauche sur une hauteur. Un des deux est probablement l'artiste lui-même; il s'appuie contre une table de pierre et dessine le paysage qui s'étend à perte de vue sous ses yeux; on aperçoit au loin plusieurs tours, clochers et moulins. A l'horizon à droite, un paysan, deux femmes et un enfant assis près d'un troupeau de moutons.

Le premier plan est dans l'ombre, et le second plan éclairé par le soleil dont l'éclat est adouci par des nuages transparents.

Ce tableau est d'un grand effet et d'une harmonie de ton des plus remarquables.

Signé : A. Cuyp.

Bois : haut., 67 cent.; larg., 89 cent.

CUYP

(ALBERT)

Dordrecht, 1605-1691.

12 — **Cheval dans un paysage.**

Un cheval brun, vu de profil et portant une selle

bleue et or, est tenu en bride par un petit garçon revêtu d'un costume hongrois, bonnet rouge garni de fourrure, long habit vert foncé et un sabre au côté; plus loin, dans l'ombre, on aperçoit un autre cheval. Fond de paysage.

Signé : A. C.

Bois : haut., 37 cent.; larg., 30 cent.

CUYP

(ALBERT)

Dordrecht, 1605-1691.

13. — **Cheval dans une écurie.**

Un jeune garçon, habillé d'un costume vert foncé, tient par la bride un beau cheval Isabelle à crinière blanche et portant une selle rouge.

Bois : haut., 23 cent.; larg., 27 cent.

DUSART

(CORNELIS)

Kraelingen, 1665-1704.

14 — **Fête de village.**

La fête se tient devant un cabaret d'un aspect pittoresque; un paysan debout chante et offre la main à une femme assise près d'un escabeau sur lequel se trouvent des gaufres et une cruche. Devant eux un joueur de cornemuse, coiffé d'un énorme chapeau gris. Plus loin, des paysans qui fument et boivent.

Signé : Corn Dusart, f^e 1692.

Toile : Haut., 33 cent.; larg., 39 cent.

EECKHOUT

(GERBRAND VAN DEN)

Amsterdam, 1621-1674.

15 — **Ruth et Booz.**

« Booz, montrant Ruth, dit à un serviteur qui veillait « sur les moissonneurs : — A qui est cette jeune « fille ? »

Cette composition, d'un bel effet et d'une grande puissance de ton, est complétée d'autres figures; des laboureurs se reposent à l'ombre d'une cabane entourée d'arbres, on aperçoit au fond des champs de blés et des montagnes.

Signé : G. V. Eeckhout, f^e an 1655.

Toile · Haut., 72 cent.; larg., 80 cent.

EVERDINGEN

(CÉSAR VAN)

Alkmaar, 1616-1679.

16 — **Portrait d'homme.**

Bois : haut., 34 cent.; larg., 27 cent.

17 — **Portrait de femme.**

Bois : haut., 34 cent.; larg., 27 cent.

GOYEN

(JAN VAN)

Leyden, 1596-1666.

18 — **Vue du lac de Haarlem.**

Au premier plan un bateau à voiles avec des passagers. Au fond, la ville de Haarlem.

Bois : haut., 12 cent.; larg., 13 cent.

GRYF

(ADRIAAN)

Anvers, 17e siècle.

19 — **Gibier.**

Un cerf, des perdrix, des faisans, un lièvre et autres gibiers morts, sont groupés près d'un arbre, et défendus par un épagneul contre les attaques d'un lévrier.

Au fond un paysage montagneux.

Signé : A. Gryef f.

Cuivre : haut., 27 cent.; larg., 39 cent.

GRYF

(ADRIAAN)

Anvers, 17e siècle.

20 — **Gibier.**

Trois chiens de chasse sont près d'un cygne, d'un lièvre, d'une perdrix et de plusieurs petits oiseaux groupés au pied d'un arbre.

A l'horizon, des montagnes.

Signé : A. Gryjef f.

Cuivre : Haut., 27 cent.; larg., 39 cent.

HACKAERT

(JAN)

Amsterdam, 17e siècle.

21 — **Paysage montagneux.**

Le site est accidenté de rochers et de bouquets d'arbres. A droite, un torrent roule entre des rochers en partie éclairés par le soleil qui perce un ciel nuageux.

A l'horizon, de hautes montagnes.

Au premier plan, quelques figures animent ce tableau.

Signé : Hackaert.

Toile : Haut., 60 cent.; larg., 70 cent.

HALS

(FRANS)

Anvers, 1584-1666.

22 — **Portrait du Professeur Johannes Hoornbeek.**

La figure du théologien est sérieuse et pensive; il porte les cheveux courts, il est revêtu de la toge des professeurs de Leiden avec le col rabattu, et tient à la main une bible reliée en maroquin noir.

Ce portrait vu a mi-corps est une œuvre magistrale d'une exécution large et hardie.

Gravé par J. Suyderhoef.

On lit au bas à droite, œt suœ, 27, (1645.)

Toile : Haut., 80 cent.; larg., 67 cent.

HEEM

(CORNELIS DE)

Hollande, 17e siècle.

23 — **Fruits et fleurs.**

Un riche bouquet de roses et de différentes fleurs groupées dans un vase de cristal est posé sur un socle en pierre, près d'une assiette contenant des fraises et un citron. Des papillons et autres insectes voltigent sur les fleurs.

Signé : C. de Heem f.

Toile : Haut., 60 cent.; larg., 46 cent.

HEEMSKERK

(EGBERT VAN, le Jeune)

Amsterdam, 1645-1704.

24 — **Le Bénédicité.**

Un paysan et deux femmes disent la prière, assis

autour d'un tonneau sur lequel est leur repas, un jeune enfant impatient avance sa main vers le plat.

Signé : E. Hkerck.

Bois : Haut., 28 cent.; larg., 25 cent.

HELST

(BARTHOLOMEUS VAN DER)

Haarlem, 1613-1670.

25 — **Portrait d'un Bourgmestre.**

Il est représenté en buste, les cheveux noirs, la moustache grisonnante, vêtu de noir et portant un col blanc rabattu. Le sang circule dans cette physionomie pleine de vie.

Remarquable portrait d'une grande finesse de modelé et d'exécution.

On lit au bas Eta 62, B. Vanderhelst, 1657.

Bois. Ovale : Haut., 65 cent.; larg., 54 cent.

HEUSCH

(GUILLAUME DE)

Utrecht, 1638.

26 — **Paysage italien.**

Un chemin traverse une clairière au premier plan; à

gauche, au fond, des montagnes; à droite, une riche vallée éclairée par les derniers rayons du soleil; quelques figures animent ce charmant petit tableau.

Signé : G. de Heusch.

Cuivre : Haut., 23 cent.; larg., 32 cent.

HONDEKŒTER

(MELCHIOR DE)

Utrecht, 1636-1695.

27 — **Nature morte.**

Un beau lièvre est suspendu par la patte, sa tête repose sur une table en marbre avec des oiseaux et des attributs de chasse.

Tableau du plus beau faire du maître.

Signé : M. de Hondekoeter, 1664.

Toile : Haut., 87 cent.; larg., 66 cent.

HUGTENBURG

(JOHAN VAN)

Haarlem, 1646-1733.

28 — **Camp devant une ville assiégée.**

Plusieurs cavaliers, officiers et trompettes sont arrêtés

pour se rafraîchir à une cantine et donner à boire à leurs chevaux.

A gauche deux hommes et une femme assis par terre. Plus loin, toute l'animation du camp, et à l'horizon la ville assiégée.

Signé : Hughtenburg.

Toile : Haut., 57 cent.; larg., 81 cent.

JARDIN

(KAREL DU)

29 — **Étude de chienne.**

Chienne blanche tachetée de fauve, un collier de cuir au cou.

Toile : Haut., 46 cent.; larg., 53 cent.

KAPELLE

(JAN VAN DE)

30 — **Marine.**

Le ciel orageux à l'horizon colore la mer d'un ton sombre et vigoureux, tout est calme encore, les voiles blanches des bateaux se détachent en lumière.

Toile : Haut., 41 cent.; larg., 33 cent.

KEYSER

(THÉODORUS DE)

Hollande, 1630.

31 — **Portrait d'homme.**

Ce portrait de petite dimension est de la plus belle manière du maitre; il représente un gentilhomme vu en buste, vêtu de noir, collerette blanche rabattue, cheveux longs et grisonnants. La bouche entr'ouverte est vivante, le regard est intelligent et sévère.

Signé : T. Keyser f. ano 1661, œta 59.

Cuivre : Haut., 32 cent.; larg., 37 cent.

LINGELBACH

(JAN)

Francfort 1625-1867 ?

32 — **Le Marché.**

Des marchands de toutes sortes sont établis sur la place d'une ville italienne; un seigneur sortant d'une maison à droite, parle à une dame en lui ôtant son chapeau. Devant eux, plusieurs hommes et femmes assis près de leurs marchandises.

A gauche, un paysan monté sur un âne. Au second plan, une fontaine et deux voitures devant une église.

Signé : i Lingelbach, 1671.

Toile : Haut., 56 cent.; larg., 66 cent.

LUNDENS

(GERRIT)

Hollande, 17e siècle.

33 — **Intérieur rustiqne.**

Deux chasseurs et deux femmes sont assis autour d'un banc, sur lequel se trouvent des harengs et du pain; derrière eux sont trois musiciens. Un paysan s'est endormi contre une cloison.

Signé : G. Lundens, fec 1657.

Bois : Haut., 52 cent.; larg., 69 cent.

MAAS

(NICOLAS)

Dordrecht, 1632-1693.

34 — **Portrait de femme.**

Elle est debout vue jusqu'aux genoux, vêtue d'un élégant costume noir et violet, le bras appuyé sur une base de colonne, de l'autre main elle retient son écharpe.

Signé : N. Maes.

Toile : Haut., 1 mètre 13 cent.; larg., 91 cent.

MAAS

(NICOLAS)

Dordrecht, 1632-1693.

35 — **Portrait de femme.**

Elle est assise dans un jardin, vue à mi-corps et vêtue d'une robe en satin blanc; une écharpe attachée sur l'épaule.

Son coude est appuyé sur un piédestal en pierre, sur lequel sont posées des fleurs.

Signé : N. Maes.

Toile : Haut.; 50 cent.; larg., 40 cent.

MEER

(JAN VAN DER, le vieux)

Haarlem, 1628-1691.

36 — **Les Dunes de Scheveningen.**

De gros nuages, annonçant une tempête s'avancent au-dessus de la mer, qu'ils couvrent de leur ombre ainsi que la plus grande partie de la plage.

Un rayon de soleil éclaire les dunes, et à l'horizon

les voiles des bateaux pêcheurs qui ont cherché refuge sur le sable contre l'orage menaçant.

Quelques figures animent ce tableau.

Les œuvres de ce maître sont extrêmement rares et si celle-ci n'était signée J. van der Meer on croirait, au premier aspect, voir un beau tableau de J. Ruisdael.

Signé : J. V. D. Meer, 1671.

Toile : Haut., 90 cent.; larg., 1 mètre 17 cent.

MEER

(JAN VAN DER, le jeune)

Haarlem, 1656-1705.

37 — **Le Troupeau.**

Des animaux sont au repos devant une étable entourée d'arbres. Au milieu un bœuf blanc et noir debout, une vache rousse couchée, trois brebis et un mouton.

Au second plan, devant l'étable, un jeune berger assis par terre, joue avec un chien ; près de lui deux brebis et deux moutons.

Le paysage montagneux et couvert d'arbres est éclairé par le soleil couchant.

Signé : J. V. der meer, de ionge f. 1679.

Bois : Haut., 57 cent.; larg., 62 cent.

MEER

(JAN VAN DER, le jeune)

Haarleen, 1656-1705.

38 — **Un lac bordé d'arbres. Effet du soir.**

Signé : J. V. der meer, 1696.

Bois : Haut., 9 cent.; larg., 13 cent.

39 — **Une forêt, effet du matin.**

Signé : J. V. Der Meer, 1696.

Bois : Haut., 9 cent.; larg., 13 cent.

MEER

(JAN VAN DER, de DELFT)

Delft.

40 — **La Dentelière.**

Dans les *Musées de la Hollande*, M. W.Burger dit, à propos de ce tobleau. « Nous avons rencontré la dentelière, une délicieuse petite peinture. Cette jeune fille, de trois quarts à droite, la tête baissée et vue en raccourci, travaille agilement de ses deux mains sur son métier à long fuseaux; ces petites mains en action sont dessinées avec une adresse et une élégance merveilleuses. Le corsage de la fillette est jaune citron, couleur affectionnée de Van der Mer, un col blanc en guipure est rabattu sur le beau ton clair du corsage. Une partie du visage est voilée d'une douce et légère pénombre; mais les cheveux d'un blond tendre séparés par une raie horizontale au dessus du front et tombant en boucles délicates sont en lumière. Le fond est un gris perle très-clair. Signé comme le tableau de la collection d'Arenberg mais en plus petites lettres. Mer avec un J pour Jan, dressé au dessus du V, à l'intérieur de L'. M.

Signé: J. V. Meer.

Toile : haut., 24 cent.; larg., 20 cent.

MIÉREVELD

(MICHIEL JANSZEN)

Delft, 1567-1641.

41 — **Portrait du prince Maurice de Nassau.**

Le Prince est représenté debout, tête nue, revêtu d'une armure richement ciselée, et portant une écharpe rouge sur l'épaule.

La main gauche recouverte d'un gantelet s'appuie sur une table ou se trouve son casque.

Bois : Haut., 1 mètre 09 cent.; larg., 77 cent.

MIERIS

(WILLEM VAN)

Leyden, 1662-1747.

42 — **Portrait d'homme.**

Coiffé d'une grande perruque et portant un manteau de velours cramoisi sur un habit de soie bleue brodé d'or.

Signé : Wvan Mieris, 1707.

Cuivre ovale : Haut., 9 cent.; larg., 7 cent.

MIGNON ET GILLIG

(ABRAHAM et JACOB)

Francfort, 17e siècle.

43 — **La bonne pêche.**

Des brochets, des perches et autres poissons de rivière groupés et attachés par des branches de fleurs, sont suspendus à une corbeille posée avec un filet sur une table de pierre.

Les deux artistes ont rivalisé de talent dans ce tableau et produit une œuvre parfaite dans son genre.

Signé : J. G. A. M. fecit.

Toile : haut., 73 cent.; larg., 58 cent.

MOLENAER

(JAN MIENSE)

Haarlem, 1685.

44 — **Intérieur de cabaret.**

Un paysan est surpris en mauvaise compagnie par sa femme qui le frappe à coups de souliers sur la tête en lui tirant les cheveux ; une autre femme assise près de lui s'est emparée de sa bourse. Plus loin deux couples assis autour d'une table. Au fond, plusieurs spectateurs regardent cette scène en riant.

Signé : J. Molenaer, 1650.

Bois, haut., 45 cent.; larg., 35 cent.

MOLENAER

(NICOLAS)

17e siècle.

45 — **Paysage en hiver.**

Une digue élevée plantée d'arbres couverts de neige, borde un canal glacé sur lequel se trouvent quelques patineurs, sur le chemin qui borde la digue passe un traîneau attelé d'un cheval conduit par un paysan et dans lequel sont quatre personnages qui se dirigent vers une auberge au second plan. D'autres figures suivent le même chemin.

Collection Bleuland.

Signé : K. Molenaer.

Toile : Haut., 64 cent.; larg., 80 cent.

MOMMERS

(HENDRICK)

Haarlem, 1623-1697.

46 — **Le Gué.**

Deux paysannes, dont une est montée sur un âne, viennent de traverser un gué, à côté d'elles un garçon et quelques chèvres.

Signé : Mommers.

Bois : Haut., 44 cent.; larg., 55 cent.

MOREELSE

(PAULUS)

Utrecht, 1571-1638.

47 — **Portrait d'un gentilhomme.**

Il est représenté debout, vu jusqu'au genoux, coiffé

d'un chapeau de feutre noir; sa figure est franche et intelligente, ses cheveux courts et blonds; il est vêtu d'un costume de soie noir et violet, richement brodé, une fraise blanche au cou, sa main gauche est posée sur une table couverte d'un tapis rouge, la main droite sur la hanche tient une paire de gants.

C'est un superbe portrait d'une grande allure et plein du caractère de l'époque, l'exécution en est fine et serrée.

On lit, Eta suæ 29, P, morcel fe an 1621.

Toile : Haut., 1 mètre 21 cent.; larg., 96 cent.

MOUCHERON

(FRÉDÉRIK DE)

Emden, 1633-1686.

48 — Chasse au cerf.

Dans un paysage italien inondé de lumière, des dames à cheval et des cavaliers poursuivent un cerf qui s'élance vers un étang.

A droite au premier plan deux grands arbres, plus loin, à gauche une vieille tour en ruines entourée d'arbres. Au fond un paysage d'une grande étendue éclairé par le soleil couchant.

Signé : Moucheron.

Toile : Haut., 48 cent.; larg., 69 cent.

NEER

(AART VAN DER)

Amsterdam, 1619-1683.

49 — **Effet de nuit.**

Une rivière qui traverse tout un village hollandais, est bordée à droite et à gauche par diverses constructions dont plusieurs sont environnées d'arbres. La lune à demi-cachée par les nuages répand une douce lumière sur le paysage et sur les eaux. Au premier plan des barques de pêcheurs avec leurs voiles déployées se détachant en silhouette.

Charmant tableau plein d'harmonie.

Collection du Prince de Grave.

Signé : A. V. N.

Toile : Haut., 58 cent.; larg. 72 cemt.

NEER

(AART VAN DER)

Amsterdam, 1619-1683.

50 — **Vue de Hollande.**

Paysage traversé par un canal sur les rives duquel se trouvent de nombreuses habitations. La lune se reflète dans l'eau et éclaire vivement des bateaux de pêcheurs et tout le paysage.

Bois : Haut., 26 cent.; larg., 39 cent.

NEER

(EGLON, HENDRIDK VAN DER)

Amsterdam, 1643-1703.

51 — **Portrait d'homme.**

Habillé dans le riche costume du temps, grande perruque, habit brodé d'or. Physionomie charmante et pleine de vie.

Cuivre ovale : Haut., 9 cent. 1/2; larg., 8 cent.

NETSCHER

(GASPAR)

Heidelberg, 1639-1684.

52 — **Portrait de femme.**

Elle est debout, vue à mi-corps, près d'une fenêtre ouverte sur un jardin ; vêtue d'une robe de velours noir décolletée, les manches blanches relevées par des agrafes, un collier de perles au cou et les cheveux bouclés. Sur l'épaule gauche une écharpe jaune qu'elle retient de ses deux mains.

Signé : G. Netscher, fec. 1673.

Bois : Haut., 41 cent.; larg., 32 cent.

NESTCHER

(CONSTANTIN)

La Haye, 1670-1722.

53 — **Portrait de femme.**

Vêtue de satin blanc et d'une écharpe rose, les cheveux poudrés. Elle est assise sur un banc de pierre dans un parc et tient sur son doigt un perroquet.

Signé : Const. Netscher, 1718.

Toile de forme ovale : Haut., 70 cent.; larg., 59 cent.

NETSCHER

(CONSTANTIN)

La Haye, 1670-1722.

54 — **Portrait d'enfant.**

Une petite fille coiffée d'un petit toquet rose à plumes, vêtue de satin rose et d'une écharpe verte, est debout, tenant un panier de fleurs. Un petit chien jappe après elle, au fond, un parc avec une fontaine.

Signé : Const. Netscher, 1718.

Toile de forme ovale : Haut., 70 cent.; larg., 50 cent.

OVENS

(JURIAEN)

Hollande, 17e siècle.

55 — **Portrait d'un jeune seigneur.**

Il est debout, vu à mi-corps, la tête nue, les cheveux abondants; vêtu d'un costume noir brodé d'argent, les manches tailladées de rouge, un grand col blanc rabattu.

Sur le bras gauche, il porte un manteau en soie noire et tient de la main droite son chapeau à plumes.

Beau portrait d'une exécution légère et vigoureuse à la fois.

Signé : J. Ovens.

Toile : Haut., 1 mètre 07 cent.; larg., 87 cent.

POEL

(EGBERT VAN DER)

Rotterdam, 17e siècle.

56 — **La Foire.**

Des charlatans ont élevé leurs tréteaux à l'entrée d'un village, devant une vieille maison. Leurs farces et roulements de tambours attirent les passants parmi lesquels est un cavalier habillé de rouge, monté sur un cheval blanc. A gauche, quelques gamins jouent près d'une boutique. Plus loin, dans la rue, un chariot s'avance chargé de personnages portant un grand drapeau.

Bois : Haut., 39 cent.; larg., 49 cent.

PŒLENBURG

(CORNELIS)

Utrecht, 1586-1660.

57 — **Paysage italien.**

Nymphe et Amour près d'un monument en ruines.

Cuivre : Haut., 10 cent.; larg., 16 cent.

58 — **Paysage italien.**

Vue des ruines d'un vieux château avec diverses figures.

Cuivre : Haut., 10 cent.; larg., 16 cent.

PYNACKER

(ADAM)

Pynacker, 1621-1673.

59 — **Paysage.**

L'entrée d'une grotte formée de rochers se détache

sur un fond de paysage montagneux éclairé par le soleil couchant, une passerelle traversant l'entrée de la grotte, conduit les eaux à une mare où viennent boire des animaux.

Charmant petit tableau.

Signé : Pynacker.

Bois : Haut., 23 cent.; larg., 18 cent.

REMBRANDT

(VAN RYN)

Leyden, 1608-1669.

60 — **Portrait de Maurits Huygens.**

Maurits Huygens était secrétaire privé des états généraux hollandais, il est représenté en buste, la tête nue, presque de face, les cheveux courts et frisés, la moustache relevée, la physionomie est spirituelle et légèrement railleuse. Il est vêtu d'un pourpoint noir recouvert d'un manteau à revers de velours et collerette de guipure.

Les œuvres de Rembrandt de cette dimension sont extrêmement rares, ce précieux petit portrait est rendu avec cette finesse d'exécution et cette fermeté de modelé si remarquables chez le maître à l'époque où il peignait sa célèbre leçon d'anatomie : 1632.

Signé : Rt van Ryn, 1632.

Bois : Haut., 31 cent.; larg., 25 cent.

ROMEYN

(GUILLAUME)

Hollande, 17e siècle.

61 — **Le Repos.**

Près d'un vieux bâtiment romain, deux bergers sont couchés au milieu de leurs troupeaux de bœufs et de moutons.

Signé : W. Romeyn.

Toile : Haut., 35 cent.; larg., 41 cent.

RUYSDAEL

(JACOB VAN)

Haarlem, 1625-1682.

62 — **L'Allée.**

De grands arbres bordant une allée jettent leur ombre sur le chemin et sur un canal qui passe à droite devant une habitation près de laquelle s'élève deux sapins; tout respire la fraîcheur; le soleil qui traverse avec peine les nuages dont le ciel est couvert, éclaire la prairie au second plan.

Quelques figures animent ce tableau qui est d'une vigoureuse exécution et d'une couleur harmonieuse.

Signé : J. V. Ruysdael.

Toile : Haut., 65 cent.; larg., 53 cent.

RUYSDAEL

(JACOB VAN)

Haarlem, 1625-1682.

63 — **Le village de Ryswyck.**

Un chemin bordé de grands arbres conduit vers l'église du village dont on aperçoit le clocher ; à droite, une maison à l'ombre de grands chênes avec deux personnages devant.

Le ciel est couvert de nuages dont quelques-uns sont vivement éclairés par le soleil.

Charmant petit tableau très-vigoureux.

Signé : J. V. R.

Bois : Haut., 33 cent.; larg., 35 cent.

RUYSCH

(RACHEL)

Amsterdam, 1664-1750.

64 — **Fleurs.**

Un charmant bouquet de différentes fleurs est posé sur une table de pierre.

Signé : Rachel Ruysch.

Toile : Haut., 33 cent.; larg., 27 cent.

SCHAGEN

(GILLIS VAN)

Alkmaar, 1616-1668.

65 — **Le Déjeuner.**

Un jeune garçon déjeune assis près d'une armoire ouverte, un chat et un chien se cherchent querelle à côté de lui. On voit au fond, à droite, une cheminée et sur l'armoire sont groupés divers ustensiles de ménage. Un portrait de Cornelis Tromp est accroché à la muraille.

Collection Leembruggen.

Signé : G. Schagen.

Bois : Haut., 24 cent.; larg., 20 cent.

SCHALCKEN

(GODFRIED)

Dordrecht, 1643-1706.

66 — **Portrait de W. van Heemskerk.**

Le poëte Hollandais est vêtu de noir avec un col blanc rabattu, et porte une perruque et une calotte noire.

Gravé par Bloteling.

Signé : G. V. S., 1676

Bois, ovale : Haut., 10 cent.; larg., 8 ccent.

SNYDERS

(FRANÇOIS)

Anvers, 1579-1657.

67 — **La tentation.**

Un chevreuil, la tête pendante, est posé sur une table en partie couverte d'une nappe, à côté d'un plat de fraises, d'un melon, d'un homard et d'artichauts; deux chiens de chasse qui sortent de dessous la table, flairent le gibier et semblent vouloir se le disputer.

Collection Leembruggen.

Toile : Haut., 1 mètre 20 cent. ; larg., 1 mètre 60 cent.

SORGH

(HENDRICK)

Rotterdam, 1621-1682.

68 — **La grande place de Rotterdam.**

Dans l'ombre des maisons à gauche, des jeunes femmes et un homme marchandent des fruits et des légumes que vendent deux paysannes.

Derrière eux, une vieille femme et un garçon. — A droite, au second plan, des marchandes; au fond des maisons éclairées par le soleil.

Signé : H. Sorghs, 1659.

Bois : Haut., 29 cent.; larg., 40 cent.

STEEN

(JAN)

Leyden, 1626-1679.

69 — **Intérieur de cabaret.**

Un homme, assis sur un banc, donne en riant de l'argent à une vieille femme qui apporte une bouteille. Derrière elle une jeune femme couchée. Au fond, à

droite, un paysan sort par une porte donnant sur la rue.
Collection Bleuland.

Signé : J. Steen.

Bois : Haut., 30 cent.; larg., 25 cent.

STEENWYK

(HENDRICK VAN)

Steenwyk, 1550-1604.

70 — **Intérieur d'un temple.**

Signé : H. V. S.

Cuivre : Haut., 9 cent.; larg., 6 cent.

71 — **Les pèlerins d'Emmaus.**

Signé : H. V. S.

Cuivre : Haut., 9 cent.; larg., 6 cent.

TÉNIERS

(DAVID)

Anvers, 1504-1635.

72 — **Les marchands d'or.**

Une vieille femme, habillée de noir, est assise près

d'une table et regarde avec attention une balance dans laquelle elle pèse de l'or. Près d'elle, un homme écrit sur un pupitre. On voit sur la table des parchemins roulés.

Toile : Haut., 28 cent.; larg., 24 cent.

TERBURG

(GÉRARD)

Zwolle, 1608-1681.

73 — **Portrait de Jean Rover.**

Le bourgmestre de Deventer est représenté debout, en pied, la figure est agréable et expressive, les cheveux longs, les moustaches grisonnantes. Coiffé d'un chapeau pointu à larges bords, et vêtu d'un manteau noir à revers de velours. De la main droite qui sort du manteau, il tient une paire de gants.

L'exécution de ce superbe tableau ne laisse rien à désirer. C'est, dans ce genre, une œuvre remarquable du maître.

Toile : Haut., 66 cent.; larg., 50 cent.

VELDE

(JAN VAN DE)

Leyden, 1598.

74 — **Paysage.**

Au second plan, une habitation rustique, à gauche,

des saules, sur le devant, un paysan un enfant et un chien.

Signé : J. V. VELDE, 1625.

Bois de forme ronde : Haut., 14 cent. de diam.

VELDE

(GUILLAUME VAN DE, le jeune)

Amsterdam, 1633-1707.

75 — **Marine, temps calme.**

A droite, un bateau de pêche à voiles brunes vient d'aborder; un pêcheur, traversant l'eau, vient à terre apportant un homme sur ses épaules. Au fond, la flotte à l'ancre en pleine mer. Au second plan, une embarcation portant le pavillon hollandais, se dirige vers la plage. A gauche, des hommes montent un escalier pour arriver à une tête de port sur pilotis. Plus loin, une petite cabane dans les dunes. Le ciel bleu est en partie couvert de gros nuages.

Un bijou du maitre, décrit dans Smith. Suppl., p. 771, n° 52.

Collection du baron van Nagell van Ampsen.

Signé : W. V. V.

Bois : Haut., 16 cent.; larg. 24 cent.

VERWILT

(FRANC)

Rotterdam, 1598.

76 — **Portrait d'une vieille femme.**

Son nom nous est inconnu, mais elle s'occupait sans doute de science, car elle tient à la main une fiole pleine et à côté du fauteuil dans lequel elle est assise, on voit un fourneau et une cornue.

Sur le mur, derrière elle, on lit cette inscription : Œtatis 84, 1674.

Signé : F. Verwlilt.

Toile : Haut., 61 cent., larg., 52 cent.

VICTORS

(JOHANNES)

Hollande, 17e siècle.

77 — **Halte devant un cabaret.**

Des jeunes gens déscendus de voitures, se reposent sur un banc et boivent à la porte d'un cabaret.

Derrière eux, un jeune homme embrasse une jeune

fille qui regarde par une fenêtre ouverte. A gauche, un paysan donne du pain à deux chevaux auxquels un gamin apporte un seau d'eau.

Plus loin, dans la rue du village, le clocher de l'église.

Une des meilleures œuvres du maître.

Signé : Johanes Victors, fat.

Toile : Haut., 75 cent.; larg., 89 cent.

WILS

(JAN)

Haarlem, 1635.

78 — **Paysage Italien.**

Le paysage est accidenté de rochers et de montagnes éclairées par le soleil couchant; au second plan, une forêt de sapins ; au premier plan, des chasseurs et leurs chiens.

Bois : Haut., 36 cent.; larg., 48 cent.

VLIET

(HENDRICK VAN)

Delft, 1608.

79 — **Intérieur d'une église protestante.**

Une galerie de bois construite entre des piliers,

conduit au buffet d'orgue ; au second plan, à gauche, plusieurs personnages; le fond est vivement éclairé par le soleil. Tout est simple de ton dans ce tableau.

Bois : Haut., 38 cent.; larg., 32 cent.

VOYS

(ARY DE)

Leyden, 1641.

80 — **Enée et Didon.**

Enée accompagne la reine à la chasse, un grand lévrier les précède, ils sont suivis d'une nombreuse escorte. Derrière eux vient un nègre avec des chiens, puis des soldats conduisant un cheval blanc.

A gauche, des rochers au bord d'un lac.

Collection de van der Linden, van Slingeland.

Signé : A. de Voys.

Bois : Haut., 29 cent.; larg., 36 cent.

VRANX

(SEBASTIAAN)

Anvers, 1573-1647.

81 — **Ecce homo.**

Au premier plan, sur le balcon du prétoire, Pilate

présente Jésus-Christ au peuple assemblé en foule, derrière lui sont des soldats.

Au second plan, on voit le mont Golgotha et le Christ portant sa croix.

Cuivre : Haut., 26 cent.; larg., 36 cent.

WEENIX

(JEAN-BAPTISTE)

Amsterdam, 1621-1660.

82 — **Un Port de mer italien.**

Un riche palais italien orné de terrasses domine le port, la mer s'étend au loin animée de navires, au second plan dans le port, une riche galère entourée d'un grand nombre de barques et sur le premier plan des figures.

Délicieux petit tableau d'une couleur charmante et très-fin d'exécution.

Bois : Haut., 29 cent.; larg., 23 cent.

WERFF

(ADRIAAN VAN DER)

Kraelingen, 1659-1722.

83 — **Portrait d'un homme âgé.**

Il est debout appuyé près d'une balustrade en pierre,

ses deux mains croisées sont posées sur un livre. Un manteau de velours brun est négligemment jeté sur l'épaule.

Signé : Adr. v. Werff fec ano 1700.

Toile : Haut., 47 cent.; larg., 39 cent.

WOUVERMAN

(PHILIP)

Haarlem, 1617-1668.

84 — **La défense d'un Pont.**

La mêlée est furieuse, des cavaliers se battent avec des soldats qui défendent un pont. Au milieu, un trompette sur un cheval blanc sonne la charge ; près de lui un porte-enseigne défend son drapeau. Plus loin, une grande maison incendiée. — Le premier plan est jonché de morts et de blessés.

Tableau très-énergique dans son expression et de la première manière dn maître.

Signé : Ph. W.

Toile : Haut., 88 cent.; larg., 1 mètre 33 cent.

WOUVERMAN

(PIERRE)

Haarlem, 1668

85 — **Halte de cavaliers.**

Deux cavaliers sont arrêtés devant un cabaret; l'un

d'eux est à terre; un paysan donne à boire à son cheval; l'autre cavalier maintient avec peine son cheval qui se cabre.

On voit à l'horizon des collines sous un ciel clair et brillant.

Signé : P. W.

Bois : haut., 34 cent.; larg. 46 cent.

WOUVERMAN

(PIERRE)

Haarlem, 1668.

86 — **Le pont de bois.**

Un petit pont de bois est jeté sur un cours d'eau, près d'un vieux chêne ; des dunes bornent l'horizon ; à gauche, on voit un seigneur à cheval et suivi d'un page tenant un faucon.

Signé : P. W.

Bois : haut., 33 cent.; larg., 45 cent.

WYCK

(THOMAS)

Beverwyk, 1616-1677.

87 — **Education maternelle.**

Dans un intérieur de modeste apparence, une femme

est assise, sa main droite posée sur l'épaule d'un petit garçon qui lit dans un livre qu'elle tient sur ses genoux. La lumière entrant par une porte ouverte et par la fenêtre, éclaire vivement toute la seène.

A droite, une jeune fille épluche des légumes.

Signg : T. Wyck.

Bois : Haut., 50 cent.; larg., 42 cent.

WYNANTS

(JAN)

Haarlem, 1600-1670.

88 — **Paysage de Gueldre.**

Dans un chemin creux et sablonneux bordé à gauche par des arbres qui portent ombre sur le premier plan, on voit s'avancer un chasseur, suivi d'un jeune garçon et de quatre chiens; à droite une colline éclairée par le soleil très-étendu.

Signé : J. Wynants, fec.

Toile : Haut., 36 cent.; larg., 47 cent.

ZEEMAN

(REYNIER)

Amsterdam, 17e siècle.

89 — Un Chantier près d'Amsterdam.

Un grand nombre de vaisseaux de guerre de différentes dimensions, sont amarés près du rivage, quelques-uns sont couchés sur le côté pour être calefatés.

Au premier plan, des ouvriers et quelques promeneurs. Le ciel est couvert de nuages.

Tableau remarquable d'exécution.

Signé : R. Zeeman.

Toile : Haut., 50 cent.; larg., 63 cent.

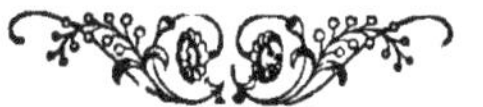

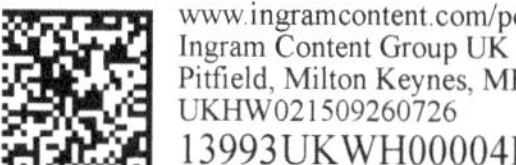

www.ingramcontent.com/pod-product-compliance
Ingram Content Group UK Ltd.
Pitfield, Milton Keynes, MK11 3LW, UK
UKHW021509260726
13993UKWH00004B/1618

9 782329 501420